SONNETS SACREZ

SVR LES

PRINCIPALES FESTES

DE LA SAINCTE VIERGE,

Et sur quelques autres sujets de Pieté.

COMME AVSSI QVELQVES STANCES

Et Cantiques Spirituels.

Par Mre *LAVRENT* BOVCHET *Prestre,*
Bachelier en Theologie.

A PARIS;

Chez N. IOLYBOIS, ruë de la Harpe, proche
l'Arbaleste, au coin de la ruë Serpente,
aux Armes de Champagne.

M. DC. LXVI.

AVEC PERMISSION.

Nondum erant abiſsi, & ego jam concepta eram.
Proverb. Cap. 8. verſ. 24.

POVR LA FESTE
DE LA
CONCEPTION IMMACVLÉE
DE LA SAINCTE VIERGE.
Le huictiéme de Decembre.
SONNET.

Ennemis *immortels de l'illustre* MARIE,
Trop injustes censeurs de sa perfection,
Vous l'attaquez en vain cette Vierge aguerie:
Triomphe du Serpent DES SA CONCEPTION.

La Terre la révere, elle est du Ciel cherie,
Sa Saincteté s'accorde à son Election,
Elle n'a point de part à la masse pourie,
Qui sur le Genre-humain jette l'infection.

Tout cede, tout fait jour à cette Creature,
DIEU *change en sa faveur les Loix de la nature;*
Dans les flancs maternels c'est un tresor caché.

La Grace la prévient, la Grace l'environne,
La Grace la soustient, la Grace la couronne:
Elle est Fille d'Adam, mais Fille sans peché.

Sonn. Sacr.   A 2

POVR LA FESTE
DE LA NATIVITÉ
DE LA
SAINCTE VIERGE.

Le huictiesme Septembre.

SONNET.

RETARDE *pour un peu ta course vagabonde,*
Postillon lumineux, noble & roulant flambeau,
Arreste icy tes pas & regarde au Berceau,
La plus rare beauté qui fut jamais au monde.

C'est l'illustre MARIE *en qui la Grace abonde,*
Cette Roze en bouton ce miracle nouveau,
Des plus hautes vertus est le vivant Tableau:
Et qui la connoist bien l'estime sans seconde.

Le jour viendra qu'au prix de la Virginité,
Elle unira l'honneur de la Fécondité:
Du Soleil eternel c'est l'immortelle Aurore.

Mais qu'on l'appelle Aurore, Astre, Estoille, beauté,
On dira tousjours moins que n'est la verité,
Puis que plus on en dit, plus on peut dire encore.

POVR LA FESTE
DE LA PRESENTATION
de la Saincte Vierge.

Le 21. Novembre.

SONNET.

COUPABLES *Habitans du profane Parnasse,*
De ce fabuleux mont dressez icy vos pas,
Accourez au Sainct Temple, on y voit des appas:
Dont l'esclat virginal tout autre esclat efface.

MARIE en s'immolant ses ennemis terrasse,
Cette jeune beauté met tout l'enfer à bas,
Elle deffait la chair, le peché, le trespas:
Est confondu celuy qui l'attaque ou menace.

Du Ciel elle est l'amour & l'admiration,
Agreable est A DIEU SA PRESENTATION,
Son Corps & son Esprit sont exempts de tout crime.

Mais ce qui merveilleux en cecy me parest,
C'est que dans un seul acte & sacrifice elle est,
Le Sacrificateur, l'Autel & la victime.

POVR LA FESTE
DE L'ANNONTIATION
de la Saincte Virege.

Le vingt-cinquiéme Mars.

SONNET.

PRECIEUX confident de la Divinité,
Celeste Ambaſſadeur, Inter-Nonce fidelle,
Qui te poura payer de la bonne nouvelle?
Qu'en ce bien-heureux jour tu nous as apporté.

Adam eſtoit d'eſcheu de la félicité,
En perdant l'innocence & devenant rebelle,
Et ce Pere rendant ſa race criminelle,
D'un Seigneur favorable en fit un irrité.

La Vierge eſt un beau Temple ou la miſericorde,
Aveque la juſtice aymablement s'accorde,
Son Sein eſt un Autel, ſon amour eſt le feu.

La victime eſt le Verbe, ô ſurprenante ligue!
Qui d'un demon jaloux déconcertant l'intrigue,
DE DIEU en fait un Homme, & fait de l'Homme UN DIEU.

POVR LA FESTE
DE LA VISITATION
de la Saincte Vierge.

Le deuxiesme Juillet.

SONNET.

ESPRITS *trop aveuglez en matiere d'amour,*
Dispensez vous d'aymer ce qui n'est pas aymable,
Mais par le zelle ardent d'un culte veritable,
Consacrez vous à DIEU *tant la nuict que le jour.*

Il répand des Tresors ou il fait son sejour,
A qui l'or & l'argent n'ont rien de comparable,
Sa Sagesse est sans prix, sa force insurmontable:
Et quand on le visite il visite à son tour.

Que dis-je? Tres-souvent sa divine visite,
Par un trait obligeant prévient nostre merite:
Ainsi lors que MARIE *entre dans la Maison*

De Saincte Elizabeth, ce DIEU *plain de largesse,*
Recompense si bien le Fils de son Hostesse,
Qu'il anticipe en luy la Grace & la raison.

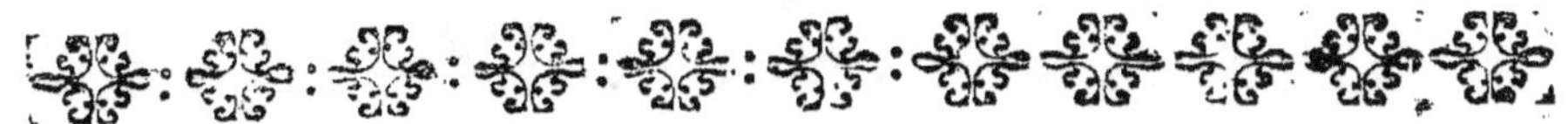

POVR LA FESTE
DE LA PVRIFICATION
de la Sain&ct;e Vierge.

Le deuxiéme de Février.

SONNET.

Mortels infortunez dont les regards coupables,
S'attachent follement à des objects trompeurs :
Pourquoy foufmettez-vous vos efprits & vos cœurs,
A l'empire infolent des beautez periffables.

Pour la Reyne du Ciel aux traits inévitables,
Employez vos amours, employez vos langueurs :
C'eft l'honneur de fon Sexe & fes charmes vainqueurs,
En faifant des Amants font des Sainéts admirables.

Les rayons du Soleil ont moins de pureté,
Que le brillant éclat de fa Virginité :
Elle eft douce au prochain, & à foy-mefme aufterè.

Mais pourquoy fuby-t'elle une honteufe loy;
Pourquoy purifier ce qui eft pur en foy :
C'eft que pour un Fils humble, il faut une humble Mere.

SVR

SVR LA FESTE DE NOSTRE DAME DE PITIÉ.

QVI SE SOLEMNISE LE Vendredy de la semaine de la Passion.

SONNET.

MODEREZ vos regrets, inconsolable Mere,
Partagez un peu moins les Croix de voſtre Enfant,
Il ſouffre, mais bien-toſt Vainqueur & Triomphant,
On le verra briller d'éclat & de lumiere.

Tariſſez de vos pleurs la ſource trop amere,
Ce que veut la PITIE', le reſpect le deffend:
Ces ſouſpirs & ſanglots qui vous vont eſtouffant,
Marquent une vertu trop rude & trop ſevere.

Ménagez vos douleurs, de grace épargnez-vous;
Eſpargnez voſtre Fils, épargnez voſtre Eſpoux,
Eſpargnez voſtre DIEU, Princeſſe des Apoſtres.

Vierge conſiderez, qu'indubitablement,
Par un nouveau ſurcroiſt d'amour & de tourment,
Vos maux feront les ſiens, ſi les ſiens font les voſtres.

Sonn. Sacr.   B

POVR LA FESTE
DE LA TRIOMPHANTE
ASSOMPTION
DE LA SAINCTE VIERGE.

Le quinziesme d'Aoust.

SONNET.

POMPEUX *amusemens d'une plume essorée,*
Estallez maintenant vos innocens transports:
Celle que l'on croyoit au Royaume des morts,
Devient l'illustre appuy de la voute azurée.

N'en doutez plus mortels la chose est assurée:
Son Fils victorieux par de puissans efforts,
La tire du tombeau l'enrichit de tresors,
Et de mille brillans sa gloire est éclairée.

Regnez donc Saincte Vierge, & que tout l'univers
Parle en vostre faveur, & forme des concerts,
Cét honneur vous est deû, vous estes Souveraine.

Et vous Cieux beaux témoins DE SON ASSOMPTION,
Sçachez que pour combler vostre perfection,
Vous falloit comme à nous une nouvelle Reyne.

SVR LA
MESME. FESTE
AVTRE SONNET.

NOURRICE *des humains lourde & pesante masse,*
Terre qui des mortels és le dernier tombeau,
Pleure, puis que des Corps le plus chaste & plus beau,
S'éclypsant à nos yeux, se dérobe à ta face.

La Vierge monte aux Cieux & sa pompeuse trace,
Brille plus que Phœbus ne brille en son berceau,
L'Ame rentre en commerce aveque son foureau,
Et à son bel abord les Anges luy font place.

Princesse triomphante, auguste Majesté.
Tout tremble soubs les Loix de vostre authorite,
Tout ce qui n'est point DIEU vous dit sa Souveraine.

Mais cessons d'admirer cette élevation,
Cette miraculeuse & Saincte ASSOMPTION,
Le Ciel avoit un Roy, luy falloit une Reyne.

POVR LA FESTE
DES GRANDEVRS
DE LA SAINCTE VIERGE.

QVI SE FAIT AVX REVERENDS Peres de l'Oratoire, le 17. Septembre.

SONNET.

HERETIQVE *incensé qui dans ta resverie,*
Attaques sans respect nos Saincts & nos Autels,
Sçache que mal-gré toy les Esprits immortels,
Honoreront tousjours l'éminente MARIE.

Des Benedictions la source estoit tarie,
L'usage infructueux des remedes mortels,
Sans son consentement nous rendoit déja tels :
Que par le désespoir la playe estoit aigrie.

Cét illustre beauté que le Ciel honora,
GRANDE *a tousjours esté,* GRANDE *est,* GRANDE *sera,*
Rien ne peut égaller le prix de son Offrande.

Dis-moy donc Libertin, Critique, Esprit pervers,
A celle dont le Fils regente l'univers,
Peut-on bien disputer la qualité de GRANDE.

POVR LA FESTE
DV SAINCT
ANGE GARDIEN.
SONNET.

TOY *qui pour mon salut puissamment t'interesses,*
ANGE, mon Défenseur, ANGE mon Gardien,
Esprit tout plain de DIEU, ne me refuses rien,
Des secours inconnus qu'exigent mes foiblesses.

Ie ne demande point des douceurs & caresses,
Ny l'honneur de joüyr de ton cher entretien,
Aux plus dignes que moy j'abandonne ce bien,
Ces grands coups de faveur sont des Graces maistresses.

Mon desir seulement est, ô mon cher Tuteur?
Que tu donnes la chasse à mon persecuteur,
Lors que la mort viendra pour me rompre en visiére.

Il est juste qu'allant au Pays de clarté,
Le Ciel voye ceder en toute humilité,
VN ANGE ténébreux, A L'ANGE de lumiére.

B 5

POVR LA FESTE
DE SAINT LAVRENT
Diacre & Martyr.

Le dixiesme d'Aoust.

SONNET.

SERAPHIQUE LAURENT, que la ferveur anime,
Qu'il est bon d'imiter ce que vous imitez;
Qu'il est bon de sentir ce que vous ressentez,
De l'amour incree vous estes la victime.

Un injuste pouvoir qui seconde le crime,
Vous livre entre les mains des Tyrans irritez,
Vous couche sur un Gril, & brusle vos Costez:
Le martyre est pour vous une salle d'escrime.

Courage grand Heros, Athlete généreux,
Il faut estre Martyr, pour estre bien heureux,
Laissez faire à l'amour son plus illustre office.

Immolant au grand DIEU, vostre ame & vostre corps,
L'holocauste est parfait du dedans & dehors,
Et n'estant Prestre encor vous faites Sacrifice.

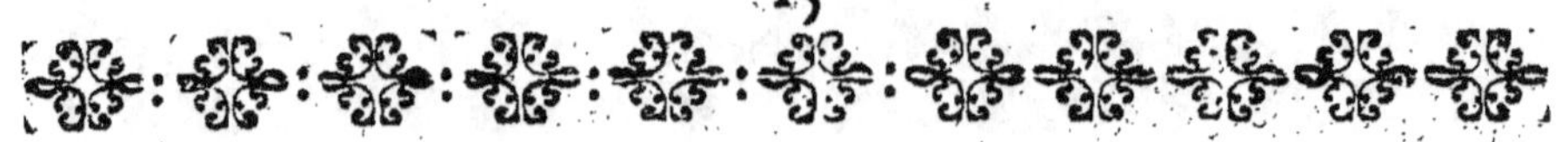

POVR LA FESTE
DE SAINT VINCENT
Diacre & Martyr.

Le vingt-deuxiéme de Ianvier

SONNET.

SEDUCTEURS impuissans, tentateurs téméraires,
En vain vous travaillez à desbaucher VINCENT,
Cét Homme merveilleux en vaut seul plus d'un cent,
ET DIEU plus fort que vous, prend soin de ses affaires.

En vain vous deschargez contre luy vos coleres,
Il souffre vos rigueurs, mais d'un si digne accent,
Que vous estes des maux que tout son corps ressent,
Et de sa fermeté, les tesmoins occulaires.

Braves accourtz donc, vous qui de toutes parts,
Moissonnez des Lauriers dans les beaux champs de Mars,
Jntrépides Soldats, généreux Capitaines.

Venez voir en VINCENT, ce Martyr mal-traitté,
Un miroir de constance & de fidelité,
Un spectacle d'horreur, de courage & de peines.

POVR LA FESTE
DE St GERMAIN
EVESQVE D'AVXERRE.

Le 31. de Iuillet.

SONNET.

SAGES *dispensateurs d'une juste loüange,*
Esprits que le Parnasse abbreuve de ses eaux,
Employez vostre stile & vos Vers les plus beaux,
A loüer un mortel, qui vescu comme un Ange.

Germain, *le grand Germain, sous Iesus-Christ se range,*
Et n'est pas si-tost mis sous ses sacrez drapeaux,
Que mal-gré les demons qui tendent leur appeaux:
Il va porter son nom de la Tamize au Gange.

La Terre des Cesars le respecte Orateur,
La France le reçoit comme Maistre & Pasteur,
L'heretique Albion comme un foudre de Guerre.

Son espouse est sa sœur, le travail ses esbats,
Les Croix son Paradis, le jeusne son repas,
Voila le procédé du grand Prelat d'Auxerre.

POVR

POVR LA FESTE DE Sᵗ LANDRY EVESQVE DE PARIS.

Le dixiéme de Iuin.

SONNET.

POUR *faire voir un Sainct d'un Zelle infatigable,*
Et pour mettre en son jour un Heros achevé,
Contre qui tout l'Enfer en vain s'est soûlevé,
Faut tracer le crayon d'un Prelat charitable.

Tel est nostre LANDRY, *ce Pasteur veritable,*
Son esprit vers le Ciel est tousjours eslevé,
Son cœur est tout despris du Siecle dépravé,
Sa main sur l'indigent espuise bourse & table.

Sa liberalité s'estend aux plus honteux,
Il est l'œil de l'Aveugle, & le pied du Boiteux,
Ses soins sont paternels, sa pitié sans seconde.

Pour le prochain il presche, il medite, il escrit,
Ainsi comme un Sainct Paul remply de IESUS-CHRIST,
Il se fait tout à tous, pour sauver tout le monde.

C

Omnibu[s]
omnia fa[-]
ctus sum u[t]
omnes sal[-]
vos facer[em]
1. Cor.
Cap. 9.

POVR LA FESTE
DE SAINCT
FRANÇOIS D'ASSIZE.

Le quatriesme d'Octobre.

SONNET.

Vous qui des plus grands Saincts honorez la memoire,
Et vous les proposez pour imitation,
Pour l'illustre FRANÇOIS ayez devotion,
Et portez ses vertus au Temple de la Gloire.

Vestu d'un vil habit, & non de riche moire,
Il marque que DIEU seul fait l'occupation,
De son cœur innocent, dont l'inclination,
Des appetits mondains remporte la victoire.

Et vous esprits glacez pour l'interest de DIEU,
Venez vous échauffer auprés d'un si beau feu,
Excitant les langueurs de vostre ame assoupie.

SI IESUS-CHRIST souffrant, a pour vous trop d'éclat,
Et si vous n'osez voir en ce funeste estat,
Ce grand Original, regardez la Copie.

POVR LA FESTE DE Ste CLAIRE VIERGE.

Le douziesme d'Aoust.

SONNET.

CLAIRE, riche ornement de la voute azurée,
Astre du Paradis, beau miracle des Cieux,
Sur qui DIEU fit pleuvoir ses Tresors precieux,
De mes humbles respects soyez toute asseurée.

La charité chez vous ne fut point mesurée,
Pour soulager le Pauvre, elle alloit en tous lieux,
Aussi vous possedez auprés du DIEU des Dieux,
Un regne fortuné d'eternelle durée.

L'ardente passion qui vostre cœur brusla,
Pour l'Espoux immortel qui pour nous s'immola,
Sur tous vos ennemis vous donna la victoire.

Ainsi pour avoir sceu braver la vanité,
Vous estes dans le temps & dans l'éternité,
Claire en dons naturels, Claire en Grace & en Gloire.

POVR LA FESTE DE St LOVIS ROY DE FRANCE.

Le vingt-cinquiesme d'Aoust.

SONNET.

GRAND SAINCT, dont la vertu rehausse la naissance,
Protecteur Couronné de l'Empire FRANÇOIS,
Prince, dont les Combats & les rares Exploicts,
Font connoistre par tout le Zelle & la vaillance.

D'un Monarque Othoman tu brises la puissance,
Tu sousmets l'Infidelle à tes aymables Loix:
Tu fais regner IESUS, & conjoints à la fois,
L'innocence des mœurs avec la penitence.

Tu n'as ny paix ny tresve avec les Basteleurs,
Ta main s'appesentit sur les Blasphemateurs,
Ta charité te fait chez les pauvres descendre.

De tes persecuteurs les yeux sont esblouïs,
Parce qu'on trouve en toy, Heroïque LOUIS,
Le Cœur d'un SERAPHIN, le bras d'un ALEXANDRE.

POVR LA FESTE
DE SAINCTE
ANNE.
Le vingt-huictiesme de Iuillet.
SONNET.

QUAND *la sterilité que tout le monde abhorre,*
Par l'ordre du Tres-haut, devient fécondité,
Elle produit des Fruicts d'un prix non limité,
Qui donnent du respect, tant au Scythe qu'au More.

ANNE *le fait bien voir, on la revere encore,*
Et on l'honorera pendant l'éternité,
Ayant sur ses vieux ans pour le Ciel enfanté,
Un Astre lumineux, une esclattante Aurore.

MARIE, *est le beau Fruict de cét arbre Sacré,*
Qui par l'Enfantement de IESUS *consacré,*
Inspire la douceur qui dessus son Front brille.

Mere, dont le pouvoir seconde la ferveur,
Faites, je vous supplie, agir en ma faveur,
Ou vostre petit FILS, *ou vostre grande* FILLE.

POVR LA FESTE
DE Ste THEREZE
VIERGE.

Le quinziesme d'Octobre.

SONNET.

Bel Astre du Carmel, bel Ange de l'Eglise,
Fille dont la vertu releve le Sçavoir,
Que n'ay-je le tallent, que n'ay-je le pouvoir,
D'exprimer les beaux feux dont ton ame est esprise.

Ta force est invincible, & ta pudeur exquise,
Dans tous tes grands employs le Seigneur le fait voir,
De la dévotion tu formes ton devoir,
Tout fait jour à l'ardeur de ta saincte entreprise.

La souffrance a pour toy du charme & de l'esclat,
D'un ordre chancelant tu raffermis l'estat:
Sans admiration qui tes Escrits peut lire?

Ainsi, sans te flatter selon mon jugement,
Seraphique THEREZE, on te doit justement,
La Palme de Docteur, de Vierge & de Martyre.

EN L'HONNEVR
DE Ste REYNE,
VIERGE ET MARTYRE.

Et des Eauës de sa Miraculeuse Fontaine, qui
est à Alize en Bourgogne.

SONNET.

Q UAND la foy du Chrestien maistrise la raison,
Le pecheur affligé, tant soit-il miserable,
Rencontre heureusement en ce lieu favorable,
De ses infirmitez la prompte guérison.

Pour cét illustre effect, il n'est point de saison,
SAINCTE REYNE en tout temps est bonne & secourable,
Il n'est point de douleur qui luy soit incurable,
Et qu'elle ne dissipe avec son Oraison.

Vous donc qui gemissez soubs le poids de vos peines,
Qui souffrez sur vos corps Cancers, Galles, Gangrenes,
Infortunez subjects d'un sort injurieux?

Venez, approchez-vous, icy coule sans feinte,
Pour vous guérir, une Eau miraculeuse & Saincte,
Dont l'usage est en Terre, & la source est aux Cieux.

EN FAVEVR
DES
PRESTRES
SONNET.

PRATIQUER *l'Oraison, par tout honorer* DIEU,
  Deffendre l'Innocent, proteger le Pupille,
Estre un Flambeau brillant, estre un Sel, estre un Feu:
Estre des Affligez & des Pauvres l'azille.

  Remontrer au Pecheur, bien vivre, parler peu,
Instruire l'Ignorant, soustenir le Débille,
Fuir les Femmes, la Cour, le Theatre & le Ieu,
Ieusner, Prescher, Prier, annoncer l'Evangile.

  Estre sans Interest, & sans Prétention :
Eviter les Grandeurs, cherir l'Abjection,
Estre Docte, Fervent, Modeste, Infatigable.

  Chaque jour à l'Autel, immoler IESUS-CHRIST,
Estre Chaste de Corps, estre Chaste d'Esprit,
Voila les qualitez d'un PRESTRE *veritable.*

EN FAVEVR
DES
RELIGIEVSES
SONNET.

PReferer Iesvs-Christ *à son contentement,*
Oublier les grandeurs d'une Illustre Naissance,
Renoncer à son corps & à son jugement,
Cherir l'Humilité, vivre en Obeyssance.

Operer son salut aveque tremblement,
Crucifier sa chair, aymer la Penitence,
Agir avec ferveur, souffrir patiemment,
Fuir la grille, le monde, estimer l'innocence.

A sa regle & ses vœux s'attacher fortement,
Ses constitutions garder exactement,
Eslever son esprit vers la Voûte Estoillée.

Mépriser les honneurs, les biens, & les plaisirs,
Pour sa perfection s'exhaler en soûpirs,
Voila les fonctions d'une Fille voillée.

Sonn. Sacr. D

EN FAVEVR
DES
MALADES
SONNET.

S'IMMOLER tout à DIEU, endurer constamment,
Souffrir des plus grands maux la dure violence,
Estoufer les ardeurs de son emportement,
Ne se plaindre jamais, observer le silence.

Pour expier son crime, embrasser le tourment,
Accepter la douleur, quand la douleur eslance,
Méditer la rigueur du dernier jugement,
Mettre avec ses pechez, sa disgrace en balance.

S'unir à IESUS-CHRIST en toute humilité,
Connoistre bien le fonds de sa fragilité,
Avoir l'esprit constant quand plus le mal nous pique.

Purifier sa Foy, par la soûmission,
Purifier son cœur, par la Confession,
Sont les rares vertus d'un MALADE Heroïque.

EN L'HONNEVR
DE S^{TE} CECILE
STANCES

Presentées aux Chantres, Muficiens, Organiftes, Symphoniftes, & autres Amateurs de la belle Harmonie, qui s'afsemblent tous les ans à Evreux pour la difpute du Prix.

Et pour folemnifer la Fefte de cette grande Saincte avec plus d'éclat.

Llustre & charmante CECILE,
Beau miroir de virginité,
Bel Aftre en qui la pureté,
Trouve fon favorable Azile;
Que ne puis-je par quelques Vers,
Refpandre dans cét Vnivers,
Ta connoiffance & ton merite:
Mais quoy? le Ciel feroit jaloux,
Si ce que mon efprit médite,
Ne venoit de ton chafte Efpoux.

Tous les Crayons de la Nature,
Se trouvent par trop impuiſſans,
Pour de tes Concerts innocens,
Faire une parlante peinture :
La Grace y doit mettre la main,
Quand tu touches le Claveçain,
C'eſt aveque tant de merveille,
Tant de juſteſſe & d'agrément,
Que pour dire mon ſentiment,
Tu ravis le cœur par l'oreille.

J'ay beau grimper ſur le Parnaſſe,
Pour y rencontrer Apollon,
Ce n'eſt qu'un pauvre Viollon,
Qui n'a rien qui me ſatisfaſſe ;
Ce fabuleux Muſicien,
Te cede, & auprés toy n'eſt rien ;
Quelque loüange qu'on luy donne,
Sa voix qu'on n'eſtime pas peu,
Si l'on défere à ma perſonne,
N'eſt bonne qu'à crier au Feu.

Mais les fredons & les roulades,
Dont tu flates tes Auditeurs,
Aneantiffent les douleurs,
Et charment les Efprits malades:
Admirable fufpenfion,
Qui des maux fais diverfion,
Tu gagnes les Ames rebelles;
Quand j'entends CECILE, je dis,
Si la Terre a des voix fi belles,
Qu'il fait bon eftre en Paradis.

Venez donc, Celefte Quadrille,
Efprits tous brillans de fplendeurs,
Miraculeux Ambaffadeurs,
Venez admirer cette Fille;
Clairs & lumineux Cherubins,
Zelez & bruflans Seraphins:
Venez Martyrs, venez Apoftres,
Venez Confeffeurs promptement,
Et confeffez ingénument,
Qu'elle doit bien eftre des voftres.

Rendez, rendez cette juſtice,
A ſon eſclatante Vertu,
Sous ſes pieds le Vice abatu,
Gémit & trouve ſon ſupplice;
Par ſes diſcours & ſes Concerts,
Elle dépeuple les Enfers:
Sa vie eſt ſi pure & ſi nette,
Que l'on dit chez les Nations,
Qu'elle accorde ſes paſſions,
Encor mieux que ſon Epinette.

Apres tout, cette Chaſte fiére,
Par les détours de ſon Eſprit,
Acquiert au Sauveur IESUS-CHRIST,
Son cher Eſpoux & ſon beau-Frere:
Rien ne luy donne de l'effroy,
Son ſang authoriſe ſa foy;
Elle paye de ſa perſonne,
Diſons donc qu'avec équité,   *De Martyre,*
CECILE dans l'Eternité,   *de Docteur,*
Merite une triple Couronne.   *& de Vierge.*

Et vous dont le sçavant Genie,
Ravit les sens & les esprits,
Qui pouvez disputer du prix,
Qu'on donne à la belle Harmonie:
Chantres sortez de vos maisons,
Quittez le coin de vos tisons,
Venez eslever des Trophées,
A cette Vierge de renom,
Qui dans le Ciel à mille Orphées,
Pour chanter sa Gloire & son Nom.

FIN.

DE LA VICTOIRE DE L'AMOVR

Divin, sur l'Amour prophane, en la personne de Saincte Magdelaine.

STANCES.

APOSTROPHE A L'AMOVR PROPHANE.

TYRAN des volontez mortelles,
Petit follastre, aveugle Enfant;
Amour, qui d'un air triomphant,
Allumes dans les Cœurs cent flames Criminelles,
N'estalles plus icy tes insolentes loix,
Renguaines ta fureur, ton Arc & ton Carquois,
On ne reconnoist plus ton impuissant Domaine :
A l'inconstance il est sujet,
La Penitente Magdelaine,
N'a pas changé de Cœur, mais a changé d'Objet.

Cette glorieuse Conqueste;
Ce visage des plus charmans,
Devant qui mille & mille Amans,
S'abbatoient de respect & inclinoient leur Teste :
Cette jeune beauté dont les brillans appas,
Par vn charme secret qu'on ne connoissoit pas,
D'un Gallant insensé faisoient une pecore,
Brûlant d'un plus pudique feu,
Triomphe mesme de son Dieu,
Et captive celuy que l'Vnivers adore.

PARAPHRASE

PARAPHRASE DE L'OBSECRO.

DAME de l'Vnivers, Adorable MARIE,
Vierge Mere de Dieu, Vierge du Ciel cherie;
Mere du Souverain de tous les Souverains,
De qui dépend l'honneur & le bien des Humains;
Puiſſante Ambaſſadrice à qui Dieu tout accorde,.
Mere de bon ſecours & de miſericorde;
La conſolation des eſprits effarez,
La voye & le chemin des pecheurs égarez,
Le favorable appuy de ceux qui vous révérent,
Et qui ſous voſtre Auſpice heureuſement eſperent:
Vierge dans tous les temps, Vierge indifferemment,
Devant, pendant, apres le Sainct Enfantement:
Fontaine de pitié, Fontaine de ſageſſe,
Fontaine de pardon, Fontaine d'allegreſſe;
Fontaine de douceur & de compaſſion,
Chaſte ſource de vie & de devotion;
Rayonnante Beauté, miraculeuſe Mere,
Dont l'eſclat immortel, le Paradis éclaire:
Par l'inéfable joye & jubilation,
Dont le moment heureux de l'Incarnation,
Combla voſtre cher cœur, lors qu'un Ange fidelle,
Vous apporta de Dieu la charmante nouvelle:
Pour la Conception du plus beau des Enfans,
Qui venoit ſe faire Homme en vos pudiques flancs,
Par cette humilité rare & inconcevable,
Qui vous fit repartir à cét Eſprit aymable;

En ces termes, voicy la Servante de Dieu,
Qu'il accompliſſe en moy, en tout temps & tout lieu,
Sa Saincte Volonté, quoy certes qu'il advienne,
Iamais ma volonté ne dédira la ſienne;
Par le Myſtere Sainct que le Divin Eſpoux,
Sans commerce charnel opera lors en vous :
Car par le Sainct Eſprit la plus belle du monde,
Voſtre Virginité devint pour lors Féconde,
Par les Treſors de Grace & de dilection.
Par l'amour obligeant & par l'affection;
Qui fit que voſtre Fils qui pour nous s'intereſſe,
Voulu deſcendre à nous reveſtu de foibleſſe :
Ce charitable Amant, ce puiſſant Medecin,
Prenant un Corps mortel dans voſtre chaſte Sein :
Par le reſſentiment des quinze Allegreſſes,
Qui ſuivirent pour lors vos plus cheres tendreſſes;
Par la compaſſion qui toucha voſtre cœur,
Quand vous viſtes I E s u s ſoûmis à la rigueur,
Et à la cruauté de ces Ames venalles,
Qu'il venoit délivrer des flames infernalles,
Par le grand contre-coup d'amour & de douleur,
Que vous donna l'objet de ſa triſte paſleur :
Quand vous viſtes ce Fils, la Gloire & beauté meſme,
Tout deſchiré de coups, tout livide & tout bleſme,
Tout bleſſé, tout meurtry, tout ſanglant, tout mourant,
Tout nud ſur un Gibet à vos yeux expirant :
Quand vous viſtes encor que les Iuifs pleins de rage,
Pour augmenter ſes maux, luy donnoient un breuvage,
De fiel & de vinaigre, où tout eſtoit amer,
A un point qu'on ne peut par parolle exprimer :

Quand voftre oreille oüyt dans ces rudes atteintes,
De ce Fils bien-aymé, les languiffantes plaintes,
Lors qu'il dit à fon Pere en fon délaiffement,
Qui de fa Paffion fut le plus 'grand tourment;
Vous m'abandonnez donc mon adorable Pere,
Moy qui de vos Beautez porte le Caractere:
Moy qui fuis voftre Enfant, moy qui fuis voftre Fils;
Moy par qui les démons feront tous déconfis,
Qui vous feray connoiftre au Chinois & au More:
Ha! mon Pere épargnez un Fils qui vous adore!
Et qui dans le refpect qu'il a pour voftre amour,
Va perdre fur la Croix, & fon Sang & le jour!
Par de ce Fils divin les cinq Playes ameres,
Où l'amour a caché fes plus profonds Myfteres;
Par l'angoiffe & pitié que vous conçeuftes lors,
Quand vous viftes percer d'une Lance ce Corps;
Dont l'efclat innocent & le beau teint d'yvoire,
Marquoient fenfiblement l'Image de la Gloire:
Par le Sang précieux qui coula du Cofté,
De ce Dieu que l'amour priva de liberté:
Par les Ruiffeaux de Sang qui fortirent des Veines,
De ce Verbe mourant, par fes foins, par fes peines,
Par fes convulfions, par fes fanglans travaux,
Par fes confufions, par fes differens maux,
Par fa mort rigoureufe, & par tout ce qui refte,
De cette Paffion lamentable & funefte,
Dont le trifte récit, ainfi que je l'apprens,
Heriffe les cheveux aux plus indifferens,
Ce Dieu qui fait du Ciel toute la complaifance,
Ce Dieu dont l'univers refpecte la puiffance,

N'ayant jamais voulu prendre contentement,
Ny se défatiguer pour un petit moment :
Par vos cuisans soûpirs, par ces torrens de l'armes,
Que parmy tant d'horreurs, & parmy tant d'allarmes;
Vos yeux verserent lors sans affectation,
Comme les truchemens de vostre affliction ;
Par les beaux sentimens qui vostre Ame animerent,
Lors que tant de mal-heurs, coup sur coup vous presserent;
Enfin par tout ce que le Ciel a mis en vous,
Mere du bel amour, Mere du Sainct Espoux,
Auguste Imperatrice, éclatante MARIE,
Avec tous les Esleus fervemment je vous prie,
D'interesser pour moy vos charitables soins,
Et de me secourir dans mes pressans besoins;
Dans les perplexitez qui mon esprit agitent,
Dans les tentations qui mon cœur sollicitent,
Dans ma prosperité, dans mon adversité,
Et dans tous les estats de ma necessité :
Modelle de vertu, miracle de lumiere,
Ne vous rebutez pas de mon humble priere,
Ie n'abuseray point de la protection,
Que vous me donnerez avec affection ?
Soyez donc à mes vœux sainctement favorable,
Madame, ayez pitié d'un pauvre miserable,
Qui n'a plus d'autre appuy que ce que vos bontez,
Peuvent faire esperer à mes fragilitez :
Donnez moy pour la voix des parolles sensées,
Donnez moy pour l'esprit de Chrestiennes pensées,
Donnez moy pour le cœur de sacrez mouvemens,
Donnez moy pour le Ciel de saincts empressemens.

Impetrez Vierge Sainéte, Heroïne aguerrie,
Illuſtre, Incomparable, Excellente MARIE,
De voſtre Fils IESUS, mon aymable Sauveur,
Ce qui peut m'obtenir ſa Grace & ſa faveur;
Ne vous laſſez jamais officieuſe Mere,
A bien plaider pour moy de la belle maniere;
Impetrez bien pour moy de ſa dileétion,
Sa Grace, ſon amour, ſa benediétion:
Le don de l'Oraiſon, l'eſprit de ſolitude,
Et des autres Vertus l'exaéte plenitude;
Abondance des biens qui ſont ſpirituels,
Suffiſance de ceux qu'on nomme corporels,
Sur tout du Sainét Eſprit obtenez moy la Grace,
Sans qui fort vainement l'homme acquiert & amaſſe,
Faites que cét Eſprit par ſes Divins reſſorts,
Gouverne mon eſprit & regiſſe mon corps,
Qu'il compoſe mes mœurs, qu'il protege mon ame,
Qu'il embraze mon cœur de ſa divine flamme:
Qu'il ſoit tout mon appuy, qu'il ſoit tout mon ſouſtien,
Qu'il m'eſloigne du mal, qu'il m'inſpire le bien;
Que par ſon invincible & celeſte puiſſance,
Il appaiſe le feu de ma concupiſsence:
Qu'il répande ſur moy les fruiéts de ſa bonté,
Qu'il forme mes deſirs ſelon ſa volonté;
Qu'il engage mon cœur à ſuivre ſes penſées,
Qu'il uſe de pardon pour les fautes paſſées,
Qu'il regle le préſent, diſpoſe l'advenir,
Qu'il regne uniquement dedans mon ſouvenir,
Qu'il ne permette pas que jamais aucun Eſtre,
Oſe luy diſputer un bien dont il eſt Maiſtre:

E 3

Demandez-luy pour moy, mais efficacement,
La Grace & le moyen de vivre chaſtement;
La Foy, la Charité, comme auſſi l'Eſperance,
La fermeté d'eſprit & la perseverance,
La crainte du peché, demandez-luy pour moy,
La ſainĉte obéyſſance aux choſes de la Foy;
Cét air reſpeĉtueux que l'on doit à l'Egliſe,
A qui Dieu pour jamais aſſiſtance a promiſe,
Pour ne pas cenſurer audacieuſement,
Ce qui ſurpaſſera mon petit jugement;
Conjurez cét Eſprit qui tout voit & regarde,
Qu'il ſoit mon deffenſeur, qu'il ſoit ma ſauve-garde:
Qu'il ſoit mon Advocat, qu'il ſoit mon Direĉteur,
Mon Maiſtre, mon Patron, mon ſacré Proteĉteur;
Que je ne faſſe rien dont il n'ayt la conduite,
Qu'il donne à mes deſſeins heureuſe réuſſite;
Qu'il me donne tousjours ferveur pour les Autels,
Qu'il m'affranchiſſe auſſi de tous pechez mortels;
De mes ſens corporels qu'il retienne la bride,
Que tousjours ſa Bonté m'environne & me guide;
Qu'il gouverne ma vie & préſide à ma mort,
Qu'il conduiſe ma barque & l'addreſſe à bon port;
Qu'à ſa poſſeſſion mon ame ſoit ravie,
Qu'il me couronne enfin d'une immortelle vie:
Ha! Vierge ſans pareille: Ha! Mere de mon Roy,
Eſcoutez ma priere, intercedez pour moy.

F I N.

EN L'HONNEVR
DV
TRES·SAINCT
SACREMENT,
CANTIQVE SPIRITVEL·
SVR L'AIR,

Sur mon Paillé de Province.

HA! *mon Sauveur adorable,*
Rien ne me plaist hors de vous,
Vous estes l'incomparable,
Ha! mon Sauveur adorable:
Heureux qui de vostre Table,
Se nourrit mon Chaste Espoux;
Ha! mon Sauveur adorable,
Rien ne me plaist hors de vous.

Dans la Saincte Eucharistie,
Vous nous donnez vostre Corps,
Par cette Divine Hostie,
Dans la Saincte Eucharistie:
Nostre ame est toute remplie,
De Graces & de Tresors;
Dans la Saincte Eucharistie,
Vous nous donnez vostre Corps.

Sans cette *Manne Divine*,
Noftre ame travaille en vain,
Elle eft mourante & chagrine,
Sans cette Manne Divine :
Elle crie à la famine,
Sans ce délicieux Pain,
Sans cette Manne Divine,
Noftre ame travaille en vain.

Pourquoi dõc pauvre heretique
Pourquoy ne croyez-vous pas,
Vn Pafteur fi magnifique,
Pourquoy donc pauure heretique :
Vn cœur eft tout famelique,
Qui n'eft point de fon Repas ;
Pourquoy donc pauure heretique,
Pourquoy ne croyez-vous pas.

La Foy fe mefure-t'elle,
A l'aulne de la raifon,
Ceffes donc d'eftre rebelle,
La Foy fe mefure-t'elle :
Et n'armez plus un faux zelle,
Pour preparer du poifon ;
La Foy fe mefure-t'elle,
A l'aulne de la raifon.

Vous vous damnez à Centaine
Peuple Charentonien :
Auprés d'une Céne vaine,
Vous vous damnez à Centaine :
Cét onguent miton mitaine,
Ne vous guerira de rien :
Vous vous damnez à Centaine,
Peuple Charentonien.

F I N.

CANTIQVE

CANTIQVE
DE L'EMPIRE DE LA MORT
SVR TOVS LES HOMMES.
SVR L'AIR,

Sommes nous pas trop heureux.

ON *ne peut braver le fort,*
Ny s'affranchir de la parque,
Le Vassal & le Monarque,
Doivent passer par la mort:
Cette affreuse famelique,
Triomphant des Potentats,
Aux Couronnes fait la nique,
Et dépeuple les Estats.

Ny l'esprit, ny la beauté,
Ny la force, ny l'addresse,
Ne peuvent de cette Altesse,
Adoucir la cruauté:
Pour le métail du pactolle,
Elle n'a pas plus d'esgard,
Au milieu du Capitolle,
Elle assassine Cesar.

Sonn. Sacr.

Fermez tant que vous voudrez
Vos fenestres & vos portes,
Prenez gardes & escortes,
Pour marcher à vos costez:
Vostre peine est inutille,
Et vos gardes sans effort,
Car on ne voit point d'azille,
Qui deffende de la mort.

Quand vous vous seriez rangé,
Dans un Palais d'or ou d'ambre,
Elle ouvrira vostre chambre,
Sans vous demander congé:
Elle est de telle nature,
Quoy qu'on ne la puisse voir,
Qu'il n'est verou ny serrure,
Qui ne cede à son pouvoir.

F

Si quelques Suisses fendans,
Pensent luy fermer la porte,
Elle de fureur s'emporte,
Et met la porte dedans:
Soit sur la Terre & sur l'Onde,
Elle fait tousjours meschet,
Elle accroche tout le monde,
Sans hameçon & crochet.

On ne fait point de combats,
De rencontres, de battaille,
Qu'elle destoc & de taille,
Ny jette les gens à bas:
Elle coupe plus de testes,
Qu'ne font tous les Boureaux,
Pour eslever des conquestes,
Elle esleve des tombeaux.

Pour faire admirer son rang,
Sa puissance & ses secousses,
On voit tousjours à ses trousses,
De grand déluges de sang:
Les sanglots viennent en piste,
Les helas viennent apres,
Tout son équipage est triste,
Et couronné de Ciprés.

Avec vostre riche Dais,
Et vos qualitez illustres,
Vos Couronnes & Ballustres,
Vos Pages & vos Lacquais:
Vous ne pouvez luy faire ombre,
Fussiez-vous un Annibal,
Car comme elle a l'esprit sombre,
Elle a le cœur Martial.

Ayez pour tous vos appas,
Vn visage de Méduze,
Ioignés la force à la ruze,
Pour esquiver le trespas:
D'un rampart épouventable,
Faites vos chasteaux flanquer,
Ce passage redoutable,
Ne vous peut jamais manquer.

Essayés de triompher,
D'une façon sans seconde,
Attachés-vous à ce monde,
Avec des crampons de fer:
Revetés-vous d'un Symarre,
Si brillant qu'il vous plaira,
La mort à grand coup de barre,
De ces lieux vous chassera.

Ayez pour vous Gallien,
Ayez pour vous Hippocrates,
Leur onguens & muthridates,
Ne vous serviront de rien :
Si la mort vous fait la barbe,
Impuissant est le secours,
Du sené, de la rhubarbe,
De la casse & des discours.

Ayés des maisons aux champs,
Ayés maisons à la Ville,
Soyés d'une humeur civille,
Destournés vous des meschans :
Avec tout cét advantage,
Qui vous fait considerer,
Le trespas est un orage,
Que l'on ne peut conjurer.

Que l'on vous nomme sçavant,
Que l'on vous appelle Sire,
Maistrisez tout un Empire,
Soyez au dessus du vent :
Ces encens & ces fleurettes,
Ne vous garentiront pas,
Non plus que les bavolettes,
De la biere & du trespas.

Conquestés tout l'univers,
Ainsi qu'un autre Alexandre,
Vous serez reduit en cendre,
Et la pasture des vers :
La mort est une furie,
Qui met tout hôme en pourpoint,
Qui n'entend point raillerie,
Et qui ne pardonne point.

Faites bien le Iodelet,
Le Scaron, le Scaramouche,
Le Turlupin, le Dom-souche,
Le Guillot, l'Esprit Follet :
La mort qui tout butte & mire,
Vous joüant d'un fascheux tour,
Apres avoir tant fait rire,
Vous fera pleurer un jour.

Combattez à chaque jour
Quelque évenement funeste,
Ayez des amis de reste
Au Palais & à la Cour :
D'une zebeline Marte,
Envelopés vostre chair,
La mort qui sçait bien la carte,
Vous sçaura bien dénicher.

Soyez Ministre d'Estat,
Ou Intendant des Finances,
Ayez douze Lieutenances,
Ne marchez qu'avec éclat
Tout ce pompeux équipage,
L'un de ces jours cessera,
Et aussi bien que vos Pages,
La mort vous attaquera.

On la voit aux Hospitaux,
Errer au tour des malades,
Elle fait ses promenades,
Sur des sanglants eschafauts :
Le feu, le fer & la rouë,
La potence & le poison,
Sont les moyens qu'elle louë,
Pour se bien faire raison.

Celle qui dompta Trajan,
Et qui renversa Tybere,
Celle qui fut si severe,
A la grandeur de Sejan :
Celle qui coucha par terre,
Alvarez de la Luna,
Vous fera faire un parterre,
Comme elle fit à Cinna.

Vous aurez beau dire alors,
Ie suis homme d'importance,
Je suis Mareschal de France,
Je possede des tresors :
Aueque mon cimeterre,
J'ay bravé les Païs bas,
La mort qui met tout par terre,
Ne vous escoutera pas.

Avec tous vos affiquets,
Ne croyez qu'elle s'arreste,
Elle est tousjours en vedette,
Elle est tousjours aux aguets :
A lors que moins on s'avise,
De soupçonner du hazard,
C'est pour lors que par surprise,
Elle vous jette le dard.

Pour auoir le teint bien frais
Ne faut point s'en faire accroire,
Cette inhumaine fait gloire,
De ne pardonner jamais :
Comme ce monstrueux corse,
Est sans douceur & sans yeux,
Il frappe d'esgalle force,
Les jeunes comme les vieux.

Soyez

Soyez gras, soyez dodu,
Ayez la panse refaite,
De bisques & d'andouillettes,
Soustenez l'individu :
Enluminez vostre trogne,
D'un bon vin de Portugal,
La mort enleve l'yvrogne,
Aussi bien que le frugal.

Sçachez l'art de bien danser,
Sçachez la Philosophie,
Le Droict, la Geographie,
Vous faudra pourtant passer :
Rien n'eschappe de la tombe,
Chacun y vient à son tour,
Le Renard & la colombe,
La choüette & le Vautour.

Portez le fer & le feu,
Que pas un n'ose vous mordre,
Soyez Chevalier de l'Ordre,
Et portez le cordon Bleu :
Dans un carrosse d'Oüatte,
Où on vous promenera,
La mort d'un seul coup de patte,
A bas vous renversera.

Sonn. Sacr.

Pour prendre souvent du Thé,
Et de la chair de vipere,
Il ne faut pas qu'on espere,
Le don d'immortalité :
Vne Dame des mieux nées,
Qui sçavoit bien s'en servir,
Au bout de six vingts années,
N'a pas laissé de mourir.

La Princesse Galicane, Italie.

Il n'est point d'Armenien,
Il n'est point de Iannissaire,
De Pirate, de Corsaire,
D'Arabe & d'Egyptien :
De filou, de couppe-bourse,
Qui vole plus hardiment,
Que la mort fait dans sa course,
A toute heure & tout moment.

Elle prend en mille lieux,
En mille endroicts elle attrape,
Tantost un humble Sattrape,
Tantost un pauvre orgueilleux :
On a beau luy chanter poüilles,
Soit en Proze, soit en Vers,
Elle s'orne des despoüilles,
De tout ce grand Univers.

G

Vous n'apprivoisez jamais,
Cette Mégere indomptable,
Avec cette inacostable,
Vous n'avez trefve ny paix :
D'une pareille vitesse,
Sans licence & sans congé,
Elle attaque la Noblesse,
Le tiers estat, le Clergé.

Armez-vous d'un coutelas,
D'un poignard, d'un cimeterre,
Grondez comme le Tonnerre,
Et parlez de haut en bas :
Menacez là de disgraces,
Montrez luy vostre couroux,
Elle est sourde à vos menaces,
Et insensible à vos coups.

Cherchez de sombres réduits,
Pour éviter la colere,
De cette orgueilleuse fiere,
Cachez-vous au fond d'un puis,
Meslez-vous dans le tumulte,
Faites changer vostre nom,
Elle ira vous faire insulte,
Iusqu'au delà du Iapon.

Faites le fier & le vain,
Mettez-vous dessous les armes,
Criez & faites vacarmes,
Prenez l'halebarde en main :
Chargez bien vostre arquebuse,
Tirez à brusle pourpoint,
Et dite avec cette ruze,
Que la mort ne vous craint point.

Faites des raisonnements,
Bastissés des Syllogismes,
Faites des paralogismes,
Faites de bons argumens :
La mort qui tout homme emporte
Raisonnant en Férió,
Vous traittera de la sorte,
Qu'elle traitta Delrio.

Vestez-vous en Indien,
Prenez un Habit de Masque,
Couvrez vôtre test d'un casque,
Faites le Comedien :
Avec ces Métamorphozes,
Penseriez-vous vous sauver,
La mort qui prend toutes choses,
Sçaura fort bien vous trouver.

Elle vous enlevera,
Sans que pour crier à l'ayde,
Vous trouviés aucun remede,
Au mal qu'elle vous fera :
Ses coups sont inévitables,
Mesme à tous les gens de bien,
Ses blessures incurables,
L'Orviétan n'y fait rien.

Faites le preux Saladin,
Aveque vos escopettes,
Aveque vos castagnettes,
Faites le franc baladin :
Choisissés telle posture,
Qu'icy bas il vous plaira,
Soubs l'une & l'autre figure,
La mort vous agacera.

Prenez des confections,
D'Alchermes ou d'Hyacinthe,
Ie vous le diray sans feinte,
Aveque ces potions :
La mort qui tout déménage,
Vous ayant bien veu lamper,
Aveque tous vos breuvages,
Vous sçaura bien décamper.

Faites conversation,
Observez la solitude,
Occupez-vous dans l'estude,
Où dans la dévotion :
Aveque cette industrie,
Vous ne fuirés point le sort,
Il faut que Marthe & Marie,
Payent tribut à la mort.

Le faut payer Fantassin,
Le faut payer Capitaine,
Ou chez vous, ou dans la plaine,
A pied, ou sur un Roussin :
Ou donnant la Camisade,
Ou attaquant un Moulin,
Ou allant à l'Escalade,
Ou forçant un Ravelin.

Vous n'en estes pas exempt,
Vous, Mr l'Exempt des Gardes,
Sans se servir d'Halebardes,
La mort sçait côme on vous préd :
Cette fascheuse traistresse.
Vient nous voir en pas de loup,
Et pour se rendre maistresse,
Elle ne donne qu'un coup.

G

Tafchés à vous ménager,
Par addreffe ou par vaillance,
Ayés plus d'intelligence,
Que n'avoit l'Abbé Suger :
Ayés plus de politique,
Que n'avoit Machiavel,
La mort vous fera la nique,
Comme elle a fait à Cromvel.

Avec vos boüillons de veau,
Avec voftre l'aict d'afneffe,
Avec toute la fineffe,
Qu'invente voftre cerveau :
Ne penfés pas vous deffendre,
De ce dangereux hazard,
A la mort il fe faut rendre,
Ieune ou aagé, toft ou tard.

Pour eftaller vos talens,
Employés à grand feüillage,
Les mots du plus bel vfage,
Dans les commerces gallans :
Parlés comme Demoftene,
Tonnés comme un Ciceron,
La parque qui tout enchaifne,
Vous prendra comme un larron.

On ne la cageolle pas,
Comme ces fottes friquettes,
Comme ces jeunes coquettes,
Qui font valoir leur appas :
Avec fon vifage blefme,
On ne fçauroit la charmer,
Et par l'éloquence mefme,
On ne peut la défarmer.

Poffedés plus de trefors,
Que n'eut le Roy de Lydie,
La mort qui tout congedie,
Et tout mortel met dehors :
Eclypfant vos allegreffes,
Au tombeau vous mettra feul
Ne vous laiffant pour richeffes,
Que quatre ais & un linceul.

Elle caufe de l'ennuy,
Aux plus fçavans perfonnages,
Pour faire des brigandages,
Elle roule jour & nuict :
Elle affronte tous les hommes,
Mefme les plus debourez,
Iufques au climat des pommes,
Elle fait des coups fourez.

Par ses assauts inhumains,
Tout elle entraisne & butine,
Les mortels elle assassine,
Iusques sur les grands chemins:
Entre Crémonne & Mantouë,
Entre Bruxelle & Anvers,
Lors qu'on croit qu'elle se jouë,
Elle fait des maux divers.

Elle plonge l'un dans l'eau,
Elle abbat l'autre sur terre,
Par vn grand coup de tonnerre,
Elle met l'autre au tombeau :
Elle accable de misere,
Celuy-cy dans la prison,
Cét autre se desespere,
Pour avoir pris du poison.

Celuy-cy meurt à Paris,
Cét autre dans la Colchide,
L'vn meurt par vn parotide,
L'autre par vn panaris :
L'vn courant apres vn liévre,
L'un nud pieds, l'autre botté,
Celuy-cy meurt d'vne fiévre,
L'autre d'vn mal de costé.

Ce passant est fracassé,
Par le débris d'vn carrosse,
Cét autre d'vn coup de crosse,
A tout le chef offensé,
Celuy-cy passant plus outre,
Faisant dans l'Eglise vn tour,
Par la cheute d'vne poûtre,
Rencontre son dernier jour.

Possedez parfaitement
Les secrets de la cabale,
La pierre philosophale,
L'vsage du talisman :
Cette science inconnuë,
En rien ne vous seruira,
La mort par sa bien-venuë,
Au tombeau vous couchera.

Piquez vous de jugement,
D'intelligence & de brigues,
Soyez vn homme d'intrigues,
De teste & d'entendement :
Auec ces belles parties,
La mort vn jour vous fera
Faire vn bransle de sortie
Qui fort peu vous agreéra.

Deffendez vous vertement,
Usez de plusieurs remises,
Ayez vos causes commises,
Pour décliner jugement:
La mort venant faire instance,
Pour vostre course borner,
Malgré vostre resistance,
Vous fera bien cheminer.

De la verve d'Appollon,
Ayez la veine eschauffée,
Touchez beaucoup mieux qu'Or [phée
La lire & le viollon,
Avec cette Symphonie,
Vous ne charmerez jamais,
Celle dont la tyrannie,
Regne à Paris, comme à Mets.

Cette Déesse aux yeux noirs,
Qui coupa soubs le pied l'herbe,
A l'ingenieux Malherbe,
Sans pardonner à ses hoirs:
Qu'une eternelle vengeance,
Semble animer contre autruy,
N'aura pas plus d'indulgence,
Pour vous qu'elle en auoit por luy

Celle dont le front d'airain,
Semble tousjours intrepide,
Qui tira du monde Ovide,
Ce beau Chevalier Romain:
Qui fait des Vers non Iambes
Sur les Sages & les Fous,
Par vn fascheux croc-en-jambes
Vous donnera du dessous.

Celle qui prit Charondas,
Alcibiades, Lampride,
Philopœmen, Aristide,
Licurgue, Epaminondas,
Sylla, Numa, Catiline:
Quoy que vous criez mercy,
Et que vous fassiez la mine,
Vous doit prendre vn jour aussy.

Soyez en passe d'auoir
Les plus beaux emplois du monde
Que la Fortune seconde
Vostre ambitieux vouloir:
Faut pourtant que la Fortune,
Aueque tout son effort,
Le cede à cette importune
Que l'on appelle la Mort.

Soyez recru, soyez frais,
Soyez Subjet, soyez Prince,
Soyez large, soyez mince,
Vendez fagots ou cottrais :
Raisonnez en Controverses
Aussi bien que du Perron,
La mort qui tout homme verse,
Vous fera comme à Veron.

Soyez grand, soyez petit,
Soyez pauvre, soyez riche,
Soyez liberal, ou chiche,
Soyez privé d'appetit :
Ayez vne faim canine,
Soyez ce que l'on voudra,
La mort qui tout extermine,
Vn jour vous entraisnera.

Soyez vn Operateur,
Plus estimé que Flamine,
Que Darnel & Carmeline :
Soyez Sorcier, Enchanteur,
Astrologue, Philosophe,
Artiste, Magicien :
Des Talens de cette Estoffe,
Ne vous seruiront de rien.

Soyés plus subtil que Scot,
Ou que l'Ange de l'Escolle,
Comme la mort tout desolle,
Faudra payer vostre escot,
Quand cette Dame raisonne,
Ne faut point d'autre argument,
Que payer de sa personne,
Et obeyr promptement.

Soyés fort consideré,
Au Parlement, aux Enquestes,
Au Chastelet, aux Requestes,
Par tout soyés reueré :
Regentés vn Auditoire ;
La mort presque en vn moment,
Eclypsera vostre gloire,
Vous couchant au monument.

Soyés plus haut qu'vn Géant,
Soyés plus fort qu'vn Herculle,
Plus Inuincible que Julle,
Faut retourner au néant :
La mort qui porte ses foudres,
Poussant les mortels à bout,
D'vn Colosse fait des poudres,
Si tost qu'elle a fait son coup.

Soyés plus fin qu'vn Demon,
Plus ferieux qu'vn Socrates,
Plus heureux qu'vn Policrates,
Plus fage qu'vn Salomon:
Plus chafte qu'vne Lucreffe,
Et plus beau qu'vn Adonis:
Si la mort à vous s'addreffe,
Tous vos Tiltres font bannis.

Soyés né dans la fplendeur,
Touchés de pres les Couronnes,
Ne voyés que les perfonnes
De la premiere Grandeur:
La mort qui dans fa colere,
Tout rafle, & tout raflera,
Auffi bien que voftre pere,
Dans peu vous moiffonnera.

Soyés dans la Dignité,
Qu'on vous traite d'Excellence,
De Grandeur, ou d'Eminence,
D'Alteffe, ou de Majefté:
Ces Tiltres confiderables
Ne vous empefcheront pas,
Comme les plus miferables,
D'eftre Efclave du trépas.

Soyés plus homme de bien
Que ne fut fainct Chryfoftome,
Saint Auguftin, faint Hierofme,
Saint Laurent, faint Fabien:
Et ces fameux Solitaires,
Qui ne buvoient que de l'eau,
Avec ces Vertus aufteres,
Faudra defcendre au Tombeau.

Soyés vn Maiftre Efcrimeur,
Soyés grand preuoft de falle,
Soyés craint côme vn Vandalle,
Et chery comme vn Rimeur:
La mort encor plus addroite,
Par vn grand coup de Iarnac,
Frapant de gauche & de droite,
Vous mettra dans fon Biffac.

Prenés voftre Chaperon,
Et cette éclatante marque,
Qui fait que l'on vous remarque
Comme on remarquoit Varron:
Endoffés voftre fourure,
Eftudiés l'embonpoint;
Ie veux faire vne Gageure
Que vous n'efchaperés point.

Tonnés

Tonnés dans le grand Conseil
Comme vn foudre de science,
Dont la bonne conscience
Rayonne comme vn soleil:
Estant vn si habille homme,
Il faudra descendre en bas,
Dans la region qu'on nomme
La region du trespas.

Ne soyez pas ignorant,
Mais homme de prud'homie,
Sçachez mieux l'Anatomie
Que Gelée & du Laurent:
Sçachez Fernel à merveille
Avicenne & Gallien,
Vn jour la mort à l'oreille
Vous dira vous estes mien.

Passez la terre & les mers
Sur les aisles du Pegaze,
Avec vn habit de gaze
Parcourez tout l'vnivers:
Vollez comme vne hirondelle,
Vostre cheval quoy que fort,
Ne sera qu'vne haridelle
Auprés celuy de la mort.

Sonn. Sacr.

La mort prend l'vn au berceau,
L'autre au lict, l'autre à la table,
Celuy-cy dans vne estable,
Cét autre dans vn batteau:
L'vn en formant des intrigues,
Un autre en cassant des noix,
Vn autre en mangeant des figues,
Un autre en lisant des loix.

L'vn en plaidant au barreau
L'autre en faisant vne harangue,
L'autre en goustant vne langue
De bœuf, de carpe, ou de veau:
L'vn ratissant des carrottes,
L'autre en mettant ses chaussons
L'autre en décrotant ses bottes,
L'autre en chantant des chansons.

Elle entraisne aveque soy
Les sœurs aveque les freres,
Les enfans aveque leur peres,
Les vassaux aveque leur Roy:
Les bourgeoises & les dames,
Les grands & les argoulets,
Les maris avec leur femmes,
Les maistres & leur valets.

Elle enleve sans argent,
L'advocat, le secretaire,
Le procureur, le notaire,
Le records & le sergent:
Le conseiller, l'interprette,
Le poulaillier, le facteur,
L'Ambassadeur le Prophete.
La Bachelier, le Docteur,

Elle prend le president,
Le matelot, le piloite,
Celuy qui porte la hotte,
L'astrologue, le pedant,
Le grippe-sou, le copiste,
Le masson, le cuisinier,
Le charlatant, l'oculiste,
Le marchand, le tavernier.

Elle prend sans aucun choix,
Le Flamand, le Troglotite,
Le Turc, le More & le Scythe,
L'Espagnol, & le François:
Le Polonois, le Cosaque,
Le Chinois, l'Italien,
Le Iaponois, le Morlaque,
Le Iuif, le Sicilien.

Elle prend le Poictevin,
Elle prend la Poictevine,
L'Angevin & l'Angevine,
Le belliqueux Transsylvain:
Comme par tout elle tranche,
Son esprit n'est pas content,
Si son venin ne s'espanche,
Iusqu'à Mazulipatant.

Elle enleve les Simons,
Les Damiens & les Cosmes,
Les Paphnuces, les Pachomes,
Les Macaires, les Ammons:
Les Pierres, les Pacifiques,
Les Ambroises, les Martins,
Les Charles, les Dominiques,
Les Claudes & les Quentins.

Elle prend les Alizons,
Les Agates, les Claudines,
Les Agnés, les Catherines,
Les Françoises, les Suzons:
Les Marions, les Iaquettes,
Les Luces, les Iannetons,
Les Denyses, les Paquettes,
Les Annes, les Magdelons.

Elle attrape les *Margots*,
Les *Reynes*, les *Petronilles*,
Les *Nicoles*, les *Ceciles*,
Les *Charlottes*, les *Gogots*,
Elle en veut aux *Radegondes*
Aux *Therezes*, aux *Manons*,
Et tasche d'oster du monde,
Leur memoire avec leurs noms.

On meurt en mille façons,
L'un en péchant des grenouilles,
L'autre en mãgeant des citrouilles
Un autre des *Saufissons*:
L'vn en cueillant des *Cerizes*,
Et l'autre des abricots,
L'vn faisant des entreprises,
L'autre en prenant son repos.

Sous sa dangereuse main,
Tombe l'*Arabe* & le *Suisse*,
La professe & la novice,
Prennent le mesme chemin:
Cette *Amazone* inciuille,
Qui prend le monde au collet,
A *Montreüil* & *Belle-ville*,
Fait le coup de pistolet.

Rien n'eschape à son employ,
Rien n'eschape à sa furie,
Par vne horrible tuerie,
Elle attire tout à soy:
Presqu'à toute la nature,
Elle fait porter le deüil,
Et n'a pour toute parure
Que le débris d'vn cercuëil.

Soyez vestu de satin,
Soyez vestu de futaine,
La mort qui prend sans mitaine,
Le rustre & le palatin:
Vous prendra sans se méprendre
Et ne fera rien de vous
Qu'vn assemblage de cendre,
Pour les vers ou pour les loups.

Aymez le blanc & clairet,
Soyez homme de débauche,
La mort qui dans tout préfauche,
Fauchera le cabaret:
Elle cassera vos verres,
Et respandra vos flacons,
Fussiez vous fils du *Tonnerre*,
Et descendant des *Gascons*.

Elle *surpend* le trottin,
Le *valet* de pied, le page,
Elle *fait* le mesme outrage
Au *Comte* & au *Palatin* :
Au *Duc* & à la *Duchesse*,
A la *Marquise* au *Marquis*,
Au *Prince* & à la *Princesse*,
Avec ce qu'ils ont acquis.

Le *renifleur* de petun,
Avec le vendeur d'anguille,
Tombe aussi soubs la faucille
De cét ennemy commun :
Le *faiseur* de Thermometre,
Le *mangeur* de rogatons,
Le *Fripier*, le *Géometre*,
Le *rogneur* de Ducatons.

Dans les fondouques d'*Alger*
Où le soldat se retire,
Elle exerce son empire,
Comme aux rives de *Tanger* :
Elle ne cesse de mordre
Dans *Ingrande* & *Ancenis*,
Faisant le mesme desordre
Qu'au *Royaume* de *Thunis*.

Elle *saisit* le *Marchand*,
Le *Capitaine* en ses lignes,
Le *vigneron* dans ses vignes,
Le *laboureur* dans son champ :
Le *mercier* dans sa boutique,
L'*orphevre* auprés son fourneau,
Le *piquier* prés de sa pique,
L'*yvrogne* auprés son tonneau.

Dans ce bransle on voit aussy
Le *perruquier*, l'*estuviste*,
Le *colporteur*, l'*annaliste*,
Le *collecteur* de *Passy* :
Le *Mopthi*, le *Iannissaire*,
Le *valet* des *Bouftangis*,
L'*Imprimeur* & le *Libraire*,
Le *boulanger* de *Nangis*.

La mort prend l'original
Bien plustost que la copie,
Le *Prince* d'*Esthiopie*
Et le *Roy* de *Portugal* :
Quoi qu'ils soient dans la puissace
Et qu'on les craigne beaucoup,
Ne font pas en asseurance
Si la mort donne son coup.

Elle prend

Elle prend le lieutenant
Aveque la lieutenante,
Le sçavant & la sçavante,
La manante & le manant:
Elle fait plus d'vne playe,
A Hambourg & Amsterdam,
A l'Ecluze & à la Haye,
A l'Isle & à Roterdam.

Elle en veut au celibat,
Elle en veut au mariage,
Elle attaque le veufvage,
Elle en veut à tout estat:
Elle ronge comme tigne,
Elle met tout homme à bas,
Et pourveu qu'elle égratigne,
Elle finit tous debas.

Comme elle en veut au goujat,
Elle en veut au plus grãd Prince;
Le gouverneur de prouince,
L'Iroquois, le Margajat,
Passent la mesme estamine:
Et quoy qu'vn chacun soit fin,
Ayant la mesme origine,
Tous tendent à mesme fin.

Sonn. Sac.

De Terre nous venons tous,
Nous retournons tous en Terre,
Vne bouteille de verre
Est plus durable que nous:
Et ce corps qu'on idolatre,
Et que l'on trouue si beau,
N'est qu'vne idolle de plastre
Qu'engloutira le tombeau.

La mort prend d'vn même tour
Ceux qui passent leurs années,
Par diverses destinées,
Dans le cloistre, ou dans la cour:
En carrosse, ou en calesche,
Prés de l'eau, ou prés le-feu,
A la chasse, ou à la pesche,
Dans l'Eglise, ou dans le jeu.

Faites luy bien les doux yeux,
Cageollez-la de parolles,
Offrez-luy plus de pistolles
Qu'on ne voit d'astres aux cieux:
Rendez-luy des complaisances,
Donnez-luy vostre amitié:
Avec toutes ces advances,
N'esperez point de pitié.

L

Faites comme d'autres font,
Composez de gros Volumes,
Prenez des bouquets de plumes
Pour ombrager vostre front :
Ioignez la force au courage,
Animez-vous de ferveur,
Avec cét avantage
Vous n'aurez point de faveur.

Elle prend le ramonneur,
Le receveur de fabrique,
L'orthodoxe, l'heretique :
Le marguillier, le sonneur :
Le tabarin, le trompette,
Le bedeau, le partisan,
Le joüeur de castagnette,
Le pauvre & le courtisan.

Elle en veut au fanfaron,
Au buueur de limonnades,
Au faiseur de gasconnades,
A l'homicide, au larron :
Avec son double merite,
Sans pourtant doubler les coups,
Elle prend l'hermaphrodite,
Par vn semblable couroux.

Elle se foure au palais,
Au four & à la fontaine,
Au cercle, au cours de la Reyne,
Au theâtre & aux ballets :
Elle entre à la Comedie,
Pour en faire quelquefois
Vne estrange Tragœdie,
Mettant vn homme aux abois.

Par ces attentats malins,
D'où procedent robbes-neufves,
Elle fait nombre de veufves,
Et quantité d'orphelins :
Son procedé fier & triste,
Fait qu'on l'appelle en tout lieu,
La souveraine Vbiquiste,
Qui ne pardonne qu'à Dieu.

Elle en veut à l'écolier,
Elle en veut à l'écoliere,
Au portier, à la portiere,
A la merciere, au mercier :
A la belle Ferronniere,
En presence de tesmoins,
Elle vient rompre en visiere,
Lors qu'on y pense le moins.

Soyez vn riche bourgeois,
Ayez des pignons sur ruës,
Ayez cinq ou six charuës,
Et cinquante arpens de bois :
La mort qui tout homme emmene
Quoy que veuilliez resister,
Vous ostera tout domaine
En vous venant visiter.

Si la mort vous dit holà,
Ie suis celle qui tout tire,
Ne manquez pas de luy dire,
Où allez vous ? qui va là ?
Qu'est-ce que tu me demandes ?
Suis-je pas homme de bien,
Aveque ces reprimandes
Vous ny profiterez rien.

Soyez blondin, noir ou roux,
Dans la ville ou au village,
Vivez comme vn vray sauuage
Plantant des pois & des choux :
La mort qui décontenance
Les gens de toutes couleurs,
Vous mettra dans vne danse
Qui couste bien des douleurs.

Elle grippe les Farets,
Les Cerisis, les Champagnes,
Les Voitures, les Montagnes,
Les Renaudots, les Lorets :
Les Béis, les Menardieres,
Et mille autres grands esprits,
Dont les brillantes lumieres
Parroissent dans leurs escrits.

Soyez Docteur de Louvain,
Soyez Docteur de Sorbonne,
Ayez l'ame belle & bonne,
Soyez modeste & non vain :
Soyez plus sçavant qu'Horace
Soyez l'aigle des esprits :
De la mort qui tout terrasse,
Vn iour vous serez surpris.

Soyez Chanoine ou Doyen,
Soyez Recteur ou vicaire,
Soyez Prestre ou commissaire,
Ayez credit & moyen :
La mort qui met tout en bierre
Avec tous vos beaux emplois,
Vous fera passer carriere,
Et rangera sous ses Loix.

Soyez fils de Niobé,
Presidez à vn Chapitre,
Portez la crosse & la mithre,
Soyez Euesque ou Abbé:
Soyez Cardinal ou Pape,
Soyez ce que l'on voudra:
La mort qui tout homme attrape
Vn iour vous attrapera.

Placez vous dans vn chasteau,
Dont les murailles soyent fortes,
Mettez des gardes aux portes
Auec vn puissant rasteau:
La mort cette insurmontable,
Qu'on ne peut interroger,
De cette place imprenable
Vous sçaura bien déloger.

Pour vous defendre du vent,
Et faire nargue à la bize,
Qui mortifia Soubize,
Couurez vous d'vn parauent:
La mort qui contre-balance,
L'orgueil du plus grand mortel,
Vous mettra dans sa puissance,
Ainsi que Charles Martel.

Celle qui prit Vannino,
Ce méchant qu'aucun ne louë,
Ne fit-elle pas la mouë,
A Gombauld & Cyrano:
Sans que la Galanterie,
Qui paroist dans leurs escrits,
Ayt empesché la furie
De celle qui les a pris.

Des idiots & des sçavans,
Qui sort d'icy point ne rentre,
Son insatiable ventre
Engloutit tous les vivans:
De son humeur carnassiere,
N'esperons rien que des coups,
De la nopce au cemetiere,
Elle entraisne les espoux.

Elle fait force larrons,
Force plieurs de toillettes,
Convertissant en squellettes,
Le visage des Nerons:
Aussi-tost que son envie
Est de regner en ces lieux,
Aux vanitez de la vie,
Elle fait fermer les yeux.

Elle fait

Elle fait à des Prieurs
Porter de noires galoches,
Elle fait sonner les cloches
Et courir force crieurs,
De grands manteaux mortuaires
Elle couvre corps & bras,
Et fait changer en suaires,
Les chemises & les draps.

Elle housse les chevaux,
Elle drape les carrosses,
Puis elle releue en bosses
La gloire de ses travaux:
On ne la prend point pour dupe,
Elle met tout sous le pied,
Sa faux, le tailleur occupe,
Aussi bien que le drapier.

Elle donne de l'employ
Aux Prestres & aux Notaires,
Ceux-cy font les Inventaires,
Et ces autres le Convoy:
Sans parler des commissaires,
Qui dans ce grand démeslé,
Pour asseurer les affaires
Font apposer le scellé.

Sonn. Sacr.

Quand quelque belle-elle a pris
Dans ces magnifiques ruelles,
On renguaine les dantelles
Et les beaux points de Paris,
De Gennes & de Venise,
De Raguze & d'Orillac,
Car elle prend pour deuise,
Ie mets tout le Fâst au sac.

Faudra dire adieu pour lors
A ces beaux lieux de plaisance
Qui forment la complaisance,
Tant de l'esprit que du corps:
Ces meubles si magnifiques,
Ces fontaines, ces tableaux,
Ces jeux, ces bals, ces musiques,
Ces regals & ces cadeaux.

Pourquoy donc nous endormir
Sur le bord d'vn precipice?
Pourquoy croupir dans le vice
Puis qu'il faut enfin mourir?
Vsons, vsons bien de grace
De ce temps si precieux,
Et nous mettons bien en passe
De voler vn iour aux Cieux.

K

Puis qu'au tombeau faut courir,
Et quitter cette demeure,
Preparons-nous de bonne heure
A chrestiennement mourir :
Ce passage inévitable,
Qui d'icy nous tirera,
Sera doux & delectable
A qui s'y preparera.

Flechissant cœur & genoux,
Et mourant bien à nous-mesme,
Prions la Bonté supresme,
D'avoir lors pitié de nous :

Et vivons de telle sorte,
Tout brûlans de charité,
Que chaque moment nous porte
A la Saincte Eternité.

O belle ! ô heureuse mort !
Mort apres qui ie soûpire,
Comme vn gracieux Zephire,
Conduisez ma barque au port :
Ie vogueray sans naufrage,
Désemparant de ce lieu,
Si ie meurs avec courage,
Entre les bras de mon DIEV.

F I N.

Cantique Spirituel, sur l'heureuse Naissance
DE IESVS-CHRIST.

SVR LE MESME AIR, SOMMES NOVS, &c.

Esperons en ce beau jour,
Esperons Misericorde,
Puis que la Sagesse accorde,
La Iustice auec l'amour :
DIEV se rajuste auec l'homme,
Et l'homme aveque son DIEV ;
Le démeslé d'vne Pomme,
Enfin cesse, & n'a plus lieu.

Mais qui penseroit iamais,
Comme vne chose faisable,
Qu'on d'eût faire en vne estable,
Vn si grand Traitté de Paix ?
Certes là comme au Calvaire,
Les Démons sont déconfits,
Et DIEV s'y peut satisfaire,
Par l'Offrande de son FILS.

Nous n'avons asseurément
Pas grand suiet de nous plaindre,
Depuis qu'vn enfant à peindre
Est venu du Firmament:
Dans ce glorieux eschange,
Qui réjouit ces bas lieux,
L'hōme est plus heureux que l'an
Et la terre vaut les Cieux. [ge.

Allons d'vn pas triomphant
Voir dans cette pauvre estable,
Auprés d'vne mere aimable,
Un incomparable Enfant:
Si le mal-heur nous talonne,
Cessons de nous affliger,
Il paye de sa personne
Quand il veut nous soulager.

C'est la Rançon des mortels,
C'est cette Divine Hostie,
Qui pour nous se sacrifie,
Et s'offre sur nos Autels:
Cette Perle des Victimes
Repare adimirablement,
L'injustice de nos crimes
Par son avilissement.

Allons voir gais & contens,
Avec de promptes démarches,
Celuy que les Patriarches
Ont attendu si long-temps:
D'vne ame bien disposée,
Et d'vn cœur officieux,
Recevons cette Rozée
Qui vient de tomber des Cieux.

Nous aurons tous nos esprits
Et nos ames satisfaites,
Si celuy que les Prophetes
Ont predit par leurs Escrits,
Se rencontre dans l'estable
Où le met l'Humilité,
Et s'il se rend accostable
A nostre civilité.

Mais des-ja ses doux attraits
Illuminent ma paupiere,
Entrons dans cette chaumiere,
Voyons cét Enfant de prés:
DIEV, que j'y vois d'auantage!
N'estant encor qu'au Berceau,
C'est des Sages le plus Sage,
Et des plus Beaux le plus Beau.

En s'a
proch
de l'E
ble.

Disons luy donc à Genoux,
Et le ventre contre terre,
Vous qui bannissez la guerre,
PERE, ayez pitié de Nous :
Que cette forme enfantine
Qui déguise vos Grandeurs,
Couvre, ou plustost extermine
Nos pechez & nos laideurs.

Ne soyez plus irrité
Contre ces vaisseaux d'argilles,
Ces créatures fragilles,
Ces joüets de vanité :
Chaque moment les ravage,
Et les conduit au trespas,
La foiblesse est le partage
De ceux qui sont icy bas.

Caressante humanité
Plus brillante que l'aurore,
Ie vous Respecte & Adore
Pour toute vne Eternité :
Priant vos Bontez supresmes,
Le Phœnix des Bien-venus,
De suppléer elles-mesmes
A mes Devoirs inconnus.

O vous du Pere Eternel
L'inépuisable Mammelle :
O vous Clemence immortelle,
Pardonnez au criminel :
Qui dans sa peine effroyable,
Cherche son Consolateur ;
Et qui n'entre dans l'estable
Que pour trouuer son Sauveur.

L'Agneau cherche son Pasteur,
Le non-estre cherche l'Estre,
Le valet cherche son Maistre,
L'esclave son Redempteur :
La pauvreté cherche vn aide,
Les tenebres leur Soleil,
Le malade son remede,
Le blessé son appareil.

Consoles toy donc pecheur,
Il est temps que tu respires,
Aprés de si longs martyres,
Voicy venir la fraicheur :
D'vne Iustice severe
Voicy l'adoucissement,
Ton Iuge devient ton Frere,
Et ton DIEV ton payement.

FIN.